OCÉANO

MUNDOS SUBMARINOS

por Laura Purdie Salas   ilustrado por Jeff Yesh   Traducción: Patricia Abello

Agradecemos a nuestros asesores por su pericia, investigación y asesoramiento:

Michael T. Lares, Ph.D., Profesor asociado de Biología
University of Mary, Bismarck, North Dakota

Susan Kesselring, M.A., Alfabetizadora
Rosemount-Apple Valley-Eagan (Minnesota) School District

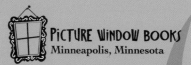

PICTURE WINDOW BOOKS
Minneapolis, Minnesota

Redacción: Jill Kalz

Diseño: Joe Anderson y Hilary Wacholz

Composición: Angela Kilmer

Dirección artística: Nathan Gassman

Subdirección ejecutiva: Christianne Jones

Las ilustraciones de este libro se crearon con medios digitales.

Traducción y composición: Spanish Educational Publishing, Ltd.

Coordinación de la edición en español: Jennifer Gillis/Haw River Editorial

Picture Window Books

151 Good Counsel Drive

P.O. Box 669

Mankato, MN 56002-0669

877-845-8392

www.capstonepub.com

Todos los libros de Picture Windows
se elaboran con papel que contiene por
lo menos 10% de residuo post-consumidor.

Library of Congress Cataloging-in-Publication Data

Salas, Laura Purdie.

[Oceans. Spanish]

Océanos : mundos submarinos / por Laura Purdie Salas ; ilustrado por
Jeff Yesh ; traducción, Patricia Abello.

p. cm. – (Ciencia asombrosa)

Includes index.

ISBN-13: 978-1-4048-3864-2 (library binding)

1. Marine biology–Juvenile literature. 2. Ocean–Juvenile literature.
I. Yesh, Jeff, 1971- ill. II. Title.

QH91.16.S2518 2007

578.77–dc22   2007036460   2007036460

Impreso en los Estados Unidos de América en North Mankato, Minnesota.

072011   006312R

Contenido

El océano mundial

¿Qué palabras se te ocurren cuando oyes la palabra *océano*? ¿*Grande, salado* y lleno de *agua*? El océano es un ecosistema de agua grande y salado. Un ecosistema es el conjunto de los seres vivos y las cosas sin vida que hay en un lugar. Las plantas, los animales, el agua, el suelo y hasta el estado del tiempo hacen parte del ecosistema.

El ecosistema del océano está compuesto por cinco océanos. El más grande es el océano Pacífico. Es tan grande como toda la tierra firme de nuestro planeta. Los otros cuatro océanos son el Atlántico, el Índico, el Glacial Ártico y el Antártico. Todos los océanos están conectados.

DATO CURIOSO

El fondo del océano tiene accidentes geográficos, como montañas, llanuras, pendientes y volcanes. También tiene unas zanjas largas y angostas que se llaman fosas. El punto más profundo está en la fosa de las Marianas, en el Pacífico occidental. En ese punto, hay casi 7 millas (11 kilómetros) desde la superficie del agua hasta el fondo.

Peces y más peces

El océano tiene una variedad inmensa de peces. Unos nadan cerca de la superficie, otros en el fondo, y otros entre la superficie y el fondo.

Los peces tienen aletas y branquias. Las aletas les sirven para nadar y las branquias para respirar. Los peces necesitan oxígeno como nosotros, pero respiran debajo del agua. El agua contiene oxígeno. Cuando el agua pasa a través de las branquias, el oxígeno entra al cuerpo del pez.

DATO CURIOSO

El tiburón es un pez. Sin embargo, no tiene esqueleto
de hueso como otros peces. Su esqueleto está hecho
de cartílago. El cartílago es un material flexible, como
el de nuestra nariz.

7

Invertebrados y mamíferos

La mayoría de los animales del océano son invertebrados. No tienen columna vertebral. Hay una gran variedad de invertebrados marinos: langostas, almejas, estrellas de mar, pulpos, aguamalas, esponjas y corales.

En el océano también hay mamíferos. Éstos son animales de sangre caliente que dan a luz crías vivas. Todo mamífero necesita respirar aire. El delfín y la ballena son mamíferos marinos. Salen a la superficie a respirar por un agujero que tienen en la cabeza. El león marino, la morsa y la nutria de mar también son mamíferos marinos.

DATO CURIOSO

En el océano vive una gran variedad de animales. Hay reptiles, como
la tortuga marina, la serpiente marina y el cocodrilo. Muchas aves,
como el pingüino, la gaviota y el pelícano, pasan parte
del tiempo en el agua y parte del tiempo fuera del agua.

Plantas chiquitas, plantas inmensas

Las plantas más comunes del océano son tan pequeñas que no se ven. El plancton es uno de los seres vivos más pequeños de la Tierra. Muchos animales grandes, como las ballenas, se alimentan de estas diminutas plantas que flotan por el agua.

El kelp es la planta más grande del océano. Llega a medir hasta 300 pies de alto (91 metros). Los peces se esconden en los bosques de kelp. Por eso las focas y los leones marinos se acercan a estas plantas a comer peces.

DATO CURIOSO

En las aguas poco profundas hay praderas de pasto marino.
El pasto marino tiene raíces que toman el alimento del suelo
del océano. Muchos peces ponen sus huevos en el pasto marino.

Océano en movimiento

El océano se mueve por varias razones. El viento hace que se formen olas en el agua. Las olas avanzan hasta tocar tierra o playa. Entonces las puntas de las olas se enroscan y se rompen.

La Luna y el Sol causan mareas. Su gravedad atrae el océano a medida que la Tierra gira. Durante la marea alta, el agua del océano cubre la playa. Durante la marea baja, el agua retrocede.

Marea alta

Marea baja

DATO CURIOSO

Los tsunamis, o maremotos, son olas gigantescas causadas por temblores. No se deben al viento, a las mareas ni a las corrientes marinas.

América
del Norte

Océano
Atlántico

Corrientes marinas

América
del Sur

El agua del océano también se mueve en corrientes. Hay corrientes que van desde una masa grande de tierra hacia otra. También pueden ir de la superficie del océano a las aguas más profundas. El viento crea las corrientes superficiales. Las corrientes profundas se deben a cambios de temperatura y de contenido de sal del agua.

Océano
Antártico

Océano Glacial
Ártico

Asia

Europa

Corrientes cálidas
Corrientes frías

Océano
Pacífico

África

ECUADOR

Océano
Índico

DATO CURIOSO

La corriente del Golfo es una corriente marina de aguas
cálidas. Comienza en el golfo de México y pasa por
Florida. Después se dirige al norte a lo largo de la costa
de los Estados Unidos. La corriente del Golfo avanza a
unas 4 millas (6 kilómetros) por hora.

Australia

Antártida

Mares salados

Los océanos siempre han sido salados. Hace mucho tiempo la Tierra era seca. Después cayeron lluvias muy fuertes durante millones de años. El agua formó ríos. Los ríos recogieron sal al correr sobre las rocas y el suelo. Al llegar a tierras bajas, los ríos formaron los océanos salados.

DATO CURIOSO

Cuanta más sal tenga el agua, más fácil es flotar. Por eso es más fácil flotar en el mar que en una alberca.

El ciclo del agua

El océano le da agua al mundo. Las personas, las plantas y los animales necesitan agua para vivir. Toda la vida de la Tierra depende del ciclo de agua de los océanos.

Cuando el Sol calienta el océano, el agua de la superficie cambia a gas. El gas flota hacia arriba y forma gotas en el aire. Más tarde, esas gotas caen como lluvia o nieve. Los ríos vuelven a llevar el agua al océano y el ciclo se repite.

DATO CURIOSO

Durante el ciclo de agua del océano, sólo el agua cambia a gas y flota al aire. La sal se queda en el océano. Por eso la lluvia no es salada.

Océanos en peligro

Todos necesitamos el ecosistema del océano, pero a veces hacemos cosas que lo dañan. La pesca excesiva hace que ciertos peces desaparezcan para siempre. Cuando se construyen edificios o casas a orillas del mar, se destruyen viviendas de animales. A veces contaminamos el agua del mar.

Hay muchas personas que están tratando de proteger el océano. Pero falta mucho por hacer. Es importante cuidar todos los ecosistemas de la Tierra. Juntos, hacen que nuestro bello planeta azul sea un lugar maravilloso para vivir.

DATO CURIOSO

El océano nos brinda muchos regalos. Nos da peces y mariscos para comer. Algunas de sus plantas y animales se usan para hacer medicinas. Con el petróleo que hay en el fondo del océano se produce gasolina.

21

Haz un diorama de un océano

QUÉ NECESITAS:

- caja de zapatos
- papel de colores
- tijeras
- cinta pegante

- pegamento
- arena
- hilo
- ilustraciones de peces y de otros animales marinos

CÓMO SE HACE:

1. Primero, pon la caja de lado.

2. Cubre el interior de la caja con papel azul.

3. Pon una capa muy delgada de pegamento en la parte de abajo de la caja. Después, echa arena sobre el pegamento y déjala secar. Sacude la arena sobrante.

4. Ahora, crea tu propia escena del océano. Haz peces, mamíferos y reptiles marinos con el papel de colores, o usa ilustraciones. Con el hilo, cuelga algunos de los animales a la parte de arriba de la caja. ¡Parecerá que están nadando!

Datos sobre los océanos

- El agua cubre casi tres cuartas partes de la superficie de la Tierra. La mayor parte —un 97 por ciento— está en los océanos.

- La profundidad promedio del océano es de 12,200 pies (3,700 metros), o un poco más de 2 millas (3.2 kilómetros).

- La luz del Sol no llega más allá de los 3,300 pies (1,001 metros) de profundidad. Debajo de ese nivel está la zona oscura del océano. Algunos peces de la zona oscura, como el pez hacha y el pez víbora, se encienden como luciérnagas. La luz les ayuda a ver el alimento.

- La ballena azul es el animal más grande que ha existido en la Tierra. Es más grande que cualquier dinosaurio conocido. La ballena azul puede tener más de 100 pies (30 metros) de largo y hasta 150 toneladas (135 toneladas métricas) de peso. ¡Una sola ballena azul puede pesar lo mismo que dos casas juntas!

Glosario

ciclo del agua (el)—proceso que convierte el agua del océano en lluvia por todo el mundo

corriente (la)—masa de agua del océano que circula en cierta dirección

ecosistema (el)—zona con ciertos animales, plantas, tiempo, terreno y agua

gravedad (la)—fuerza que atrae los objetos hacia la superficie de la Tierra

invertebrados (los)—animales que no tienen columna vertebral

mamíferos (los)—animales de sangre caliente que alimentan a sus crías con su propia leche

oxígeno (el)—gas que todos los seres humanos, animales y plantas necesitan para vivir

reptiles (los)—animales de sangre fría que tienen columna vertebral y escamas

Aprende más

PARA LEER

McKay, Sindy. *El océano.* San Anselmo, CA:
Treasure Bay, 2006.

Molina, Paula. *En el océano.* Argentina:
Sigmar, 2001.

Wilkes, Angela. *Bajo el mar.* Chanhassen, Minn.:
Two-Can Publishing, 2004.

EN LA RED

FactHound ofrece un medio divertido y confiable de buscar portales de la red relacionados con este libro. Nuestros expertos investigan todos los portales que listamos en FactHound.

1. Visite *www.facthound.com*
2. Escriba código: 1404830979
3. Oprima el botón FETCH IT.

¡FactHound, su buscador de confianza, le dará una lista de los mejores portales

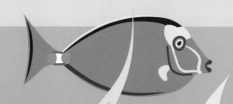

Índice

BUSCA MÁS LIBROS DE LA SERIE CIENCIA ASOMBROSA– ECOSISTEMAS:

Bosques templados: Tapetes de hojas

Desiertos: Tierras secas

Humedales: Hábitats húmedos

Océanos: Mundos submarinos

Pastizales: Campos verdes y dorados

Selvas tropicales: Mundos verdes